Guillermo

EL DUENDE VERDE

ANAYA

Para la explotación en el aula de este libro, existe un material con sugerencias didácticas y actividades que está a disposición del profesorado en nuestra web.

Juan Ignacio Luca de Tena, 15. 28027 Madrid
www.anayainfantilyjuvenil.com
e-mail: anayainfantilyjuvenil@anaya.es

1.ª edición, marzo 2017
2.ª edición, enero 2018

Diseño: Taller Universo

ISBN: 978-84-698-3366-7
Depósito legal: M-2484-2017

Impreso en España - Printed in Spain

Las normas ortográficas seguidas en este libro son las establecidas por la Real Academia Española en la *Ortografía de la lengua española*, publicada en el año 2010.

EL DUENDE VERDE

Carles Cano

EL SECRETO DEL ABUELO

Ilustración: Federico Delicado

QUERIDO LECTOR

No llegué a conocer a mis abuelos. Quizá para suplir esa ausencia escribí para lectores más pequeños: *¡¡¡Abuelooo...!!!* y *¡¡¡Abuelaaa...!!!*; y mis dos últimos libros en esta colección están protagonizados por abuelos. Pero no un par de abuelos cualquiera, sino unos muy especiales: unos abuelos cuentacuentos que inventan cuentos para sus nietos. Lo hacen porque los quieren, como un acto de amor. No significa que si tu abuelo no te inventa cuentos no te quiera, no es eso. A lo mejor te regala aviones y pajaritas de papel, o te contagia su amor a los pájaros, o te enseña a hacer paellas, o quien sabe qué otras cosas. Los abuelos y abuelas tienen muchas formas de quererte y una de ellas es contarte historias, porque todos tienen historias que contar: cómo se conocieron, a qué jugaban de pequeños, qué cuentos les contaban sus abuelos… Así que la próxima vez que estéis disfrutando de un rato tranquilo, les dices:

—Abuelo, abuela, cuéntame algo.

—¿Y qué quieres que te cuente? —te contestará.

—Lo que quieras tú. Algo emocionante, divertido, inquietante, algo que te cambió la vida, tu primer recuerdo, un cuento, lo que tú quieras.

Entonces, echará la cabeza hacia atrás, entrecerrará los ojos y con una sonrisa te hará un regalo hecho de palabras: te contará una historia. Disfrútala.

A Manel de la Rosa y Joan Borja,
amigos, caballeros de pluma,
que hacen mejores mis historias.

Capítulo 1

UN DÍA entre los días, es decir, uno cualquiera, el abuelo Nicolás y Miguel, mi hermano mellizo, tuvieron la siguiente conversación:

—Abuelo, ¿tú de dónde te sacas todas esas historias que nos cuentas?

—De dónde las he de sacar, de aquí —contestó el abuelo, señalándose la cabeza—. ¿Qué te parece lo que me pregunta tu hermano, María?

Yo me encogí de hombros. No sabía qué contestar.

—¿Y no se te acaban nunca? —volvió a la carga Miguel.

—De momento, no. Es más, creo que sería capaz de inventar tantas historias como pelos tengo en la cabeza.

—¡Hala, qué exagerado!

Mi abuelo es un atrevido, y a veces suelta alguna que te deja con la boca como un rape.

Mi hermano dice que es un chulito, por eso de los cuentos y los cabellos de aquel día. ¡Ja! Vosotros pensaréis: seguro que está más pelado que un huevo, con la cabeza más lisa que un espejo, ¿verdad? Pues no, luce una hermosa cabellera, toda blanca, eso sí.

Un desafío semejante no se puede olvidar, así que el martes siguiente de aquella conversación, cuando él y la abuela vinieron a cenar a casa, al irnos a la cama le dijimos:

—¿Qué hay de uno de esos pelos de tu cabeza?

Mi abuelo, que es muy listo, lo pilló enseguida y nos dijo:

—¡Vamos allá!

Nada más llegar al cuarto, nos metimos en la cama y plantamos las orejas, esperando que nos preguntara «¿De qué lo queréis?», pero él nos dijo:

—No, no, no. Esto ya no funciona así. Me tenéis que dar un par de cosas, mejor tres.

—¿Por qué tres? —objetó mi hermano.

—Bueno, tres es un buen número, nos dará juego, y si preguntáis a cada momento, no avanzaremos y no habrá cuento.

—¿Y qué te damos, abuelo?

—A ver, a ver… —dijo mirando alrededor del cuarto—. ¡Ya sé! ¡Volquemos la caja de juguetes!

—¡Pero si la hemos recogido esta tarde!

—¿Queréis o no queréis cuento?

—Vaaale.

—No os preocupéis, después os ayudo a recogerlos otra vez.

Volcamos los juguetes y se quedó mirándolos un momento. Enseguida se le iluminó la cara y dijo:

—¡Ajá! ¡Aquí lo tenemos! —exclamó cogiendo un peine—. ¿Veis? En una caja, en un baúl, en una maleta o en cualquier cajón, siempre hay algo que no debería estar ahí, algo que no corresponde y que se ha colado y que nos cuenta una historia.

—¿Y qué historia cuenta el peine, abuelo?

—Una historia peluda y mágica. Pero sigamos: ¿qué más veis que no debería estar ahí?

—Esta carta del rey de bastos —señaló Miguel, ilusionado—. La cogí un día porque quería dibujar un rey y se me olvidó devolverla al mazo.

—¡Mecachis! ¡Por eso no podíamos hacer tute! Bien, tenemos un rey y un peine. ¿Ves algo más, María?

—Bueno, aquí veo una piedra de la playa. Quizá no debería estar ahí, la recogí porque parecía un huevo.

—Estupendo, tenemos una piedra, un rey y un peine, veamos qué se nos ocurre.

* * *

El rey Pelón

Había una vez un rey, pelado como una sandía. Ni un solo pelo asomaba en aquel melón que relucía al sol cuando no llevaba peluca. Casi siempre la llevaba puesta, pues le daba vergüenza mostrar aquella bola de billar, y pensaba que sus súbditos se burlarían de su cocorota. Había probado toda clase de remedios: echarse los espaguetis por encima, como le había dicho una bruja napolitana; dormir con un tocado de pan de rana; ¡hasta atarse un gato negro a la calva! Lo único que había conseguido eran un sarpullido, un buen constipado y unos cuantos arañazos. No había nada que hacer.

Bordeando la ciudad en donde estaba su palacio, discurría un río y, a veces, el rey montaba en su caballo y se iba río arriba, a un solitario bosque de ribera donde podía quitarse la peluca, que le picaba una barbaridad, y pasear tranquilamente con la cabeza descubierta. Un día en que caminaba despacio entre los árboles de la orilla, vio una lamia. Una especie de sirena de río que en vez de cola de pez tiene los pies como los patos. Se peinaba con un peine de plata sobre una roca mientras tarareaba una cancioncilla que sonaba como un murmullo de agua. El rey se quedó muy sorprendido porque nunca había visto ninguna y pensaba que solo eran fruto de la imaginación y las leyendas. Tenía una larga cabellera, negra como la noche y él se quedó hipnotizado mirando aquel pelo sedoso que la muchacha del río peinaba al ritmo de aquella canción repetitiva. El rey Pelón, escondido entre los árboles, estuvo un buen rato inmóvil, contemplándola, pero cuando se movió un poco para acomodarse, pisó una ramita, la lamia se asustó, dejó caer al suelo el peine y se zambulló en el río sin dejar rastro.

El rey se acercó a la roca, para ver el lugar en donde se había zambullido, y entonces encontró el peine. Estuvo a punto de dejarlo allí, pues a él no le serviría de mucho, pero se lo pensó mejor y lo recogió: al fin y al cabo era un hermoso objeto de plata con artísticos grabados. Jamás debió hacer tal cosa, pues las lamias pueden convertirse en terribles fuerzas de la naturaleza cuando les tocan sus cosas.

Volvía el rey hacia su caballo, jugueteando con aquel peine en las manos, cuando un tábano se posó en su calvorota con intención de picarle. El rey, instintivamente, intentando cargarse a aquel insecto molesto, se golpeó en la calva con el peine. Fue un coscorrón tan fuerte que se hizo daño y además no había servido de nada, pues el tábano había volado justo un momento antes del impacto. Se llevó la mano a la cabeza para frotarse el pequeño chichón que preveía, cuando se encontró con un mechón de pelo. Su sorpresa fue tal, que no entendía qué podía haber pasado. Pero al momento se percató de lo que llevaba en las manos y probó una cosa: se golpeó con el peine justo en la parte contraria al primer golpe. ¡Eureka! ¡Allí había nacido otro mechón de pelo! Fue dándose pequeños golpes aquí y allá hasta que toda su cabeza estuvo cubierta de pelo, de una magnífica cabellera dorada. Se acercó hasta el río para mirarse en la superficie y se quedó embelesado mirándose, ya ni se acordaba de la última vez que había tenido un poco de pelo, y desde luego no era como aquel. Se miraba y remiraba de un lado y de otro, cuando el río, inexplicablemente, le salpicó. Era como si alguien le hubiese lanzado agua con la mano o hubiese tirado una piedra para salpicarle, solo que nadie había lanzado una piedra ni se veía quién pudiera haberle salpicado. «¡Qué raro!», pensó, y volvió a su palacio.

Pero antes, pasó por la plaza. Era día de mercado y todo el mundo se maravilló y comentó el primoroso trabajo que había hecho el peluquero del rey con aquella peluca que parecía de oro. Pero más se maravillaron cuando lo vieron descabalgar, entrar en la barbería y sentarse en el sillón pidiéndole a Nicolás, el barbero, que le recortara las puntas. Se hizo un corro de gente a la puerta y cuando el rey salió, todo ufano, todos se precipitaron al interior para interrogar al barbero. Este tenía los ojos como platos y una sonrisa que parecía una luna y recogiendo el pelo del suelo lo lanzó al aire gritando:

—¡Milagro! ¡Al rey le ha crecido pelo de verdad!

El rey, mientras tanto, fue dando un paseo a caballo por las principales calles de la ciudad,

con la melena al viento, mientras la noticia volaba como un pájaro, de ventana en ventana, y todo el mundo se hacía eco.

Al llegar a palacio decidió que aquello había que celebrarlo, así pues, aquella misma noche daría una fiesta a la que todo el mundo estaba invitado.

Inmediatamente se desató una actividad frenética en el palacio: se pusieron en marcha todos los cocineros y pinches, preparando los asadores, encendiendo los hornos, cociendo pasteles, pelando gallinas, pichones y perdices. Se sacaron los mejores barriles de cerveza y el vino más añejo. Los músicos desempolvaron sus instrumentos, los acróbatas y los bailarines se ejercitaban en el patio y una legión de camareros parecía dispuesta a atender a un ejército entero. A las nueve, que era la hora a la que se había convocado la fiesta, todo estaba listo y el pueblo entero estaba allí. ¿Todos? No. Había una viejita, arrugada como un pergamino, que tenía un mal presentimiento y se había quedado en su casa.

E hizo bien, porque justo cuando todo el mundo esperaba impaciente que saliera el rey con su nuevo aspecto; nada más aparecer, entre aplausos y vítores, radiante como una estrella, sin saber cómo ni por qué, se desató una terrible tormenta. Fue repentina, de hecho hasta ese momento el cielo estaba absolutamente despejado. El ruido era atronador, los rayos rasgaban la noche de arriba abajo produciendo escalofríos en la gente, pero lo peor fue la lluvia, un aguacero torrencial que fastidió el peinado del rey, dejó a todos calados hasta los huesos y echó a perder la comida y la fiesta.

Quien más, quien menos, se refugió en palacio, esperando que amainara el viento y la lluvia, pero la tormenta, lejos de parar, arreciaba. Muchos no tuvieron más remedio que pasar la noche allí. El rey, mordiéndose los puños de rabia, se retiró a sus aposentos.

A la mañana siguiente aún llovía de aquella forma desmesurada, pero esto no fue lo peor de todo, lo peor fue que la espléndida melena del rey había desaparecido y volvía a lucir aquella calva sin el más mínimo rastro de pelo. El grito del monarca fue ensordecedor y hubo quien al oírlo salió corriendo de palacio sin im-

portarle la lluvia. La reina intentó tranquilizarlo y le dijo que por qué no probaba otra vez a golpearse con el peine de plata. El rey, desconfiado primero, pero satisfecho un instante después, fue dándose toquecitos mientras recuperaba su melena. Al parecer luciría un pelo espectacular por el día que perdería cada noche. No había problema mientras dispusiese de aquel peine mágico.

Llovió durante tres noches y tres días, de manera tan salvaje que el río se desbordó, arrasando las huertas que había junto al cauce e inundando las partes bajas de la ciudad. Un desastre. Nadie recordaba cuándo había sido la última vez que el río se había desbordado. De hecho no existían noticias de desbordamientos.

Entre la maleza y los troncos que arrastró la crecida había también grandes piedras, una del tamaño de una cabeza y con forma de huevo quedó situada en medio del puente que vadeaba el río y llevaba a la puerta principal de la ciudad. La viejita de piel de pergamino dijo que aquello era una señal, pero nadie le hizo caso y dejaron aquella piedra junto a la puerta de la ciudad.

El rey, mientras tanto, se ocupaba mucho más de su pelo que de los problemas que agobiaban a su pueblo y cada mañana, después de darse golpecitos hasta recuperar la cabellera, se pasaba horas probando nuevos peinados con su peluquero.

A los pocos días de la inundación, como el agua se había llevado trozos de la muralla, los canteros empezaron a llevar piedras para repararla, pero un carro, excesivamente cargado, traqueteó a las puertas de la ciudad y dejó caer una piedra de un tamaño y una forma similares a la que había quedado varada en medio del puente. La viejita volvió a decir que ya eran dos las señales, pero nadie quiso hacerle caso y todos hablaron de coincidencia mientras dejaban la piedra ovoide justo en el lado contrario al que habían dejado la primera.

Al cabo de un mes se desató una espantosa sequía. El río, que siempre, poca o mucha, había llevado agua, se secó y también las fuentes y los pozos. El sol abrasaba y cuando no quedó ni una gota en el río, desde el puente, vieron que justo abajo, perfectamente colocada sobre unas lajas planas, había una piedra como aquellas dos que flanqueaban las puertas de la ciudad: del tamaño de una cabeza y con forma de huevo. Aquello ya era demasiada coincidencia, así que fueron a interrogar a la viejita.

—El rey tiene algo que no le pertenece y hasta que no lo devuelva, las desgracias no cesarán —declaró después de leer las hojas del té.

Todos sus súbditos en comitiva fueron hasta palacio y se concentraron a las puertas. Cuando el rey supo que su pueblo en pleno lo esperaba, ignorando por completo el problema que les aquejaba, salió al balcón de las grandes ocasiones, dispuesto a lucir el magnífico peinado de aquel día. Pero solo encontró rechazo, caras ceñudas y miradas acusatorias. Por fin alguien gritó:

—¡Devolved lo que no es vuestro!

El rey vio la rabia y el odio en aquellos ojos y se volvió al interior del palacio antes de que alguien hiciera algo irreparable.

—¿Qué les pasa? Hasta ahora siempre me habían estimado y respetado. Bueno, hacían algunas bromas sobre mi calva, pero nada que no pudiera pasarse por alto —le dijo a la reina.

—¿Qué les pasa? ¿No lo sabéis? Después del desastre de las inundaciones, ahora el río se ha secado; y no solo el río, también las fuentes y los pozos, no hay agua en toda la ciudad. Y todo lo asocian a vuestro pelo, pues justamente las desgracias comenzaron el día en que llegasteis con vuestra dorada melena y con el peine que os la hace crecer.

—¿Y qué pretenden? —dijo el rey indignado—. ¿Que me deshaga de él? Están locos si creen que voy a hacer tal cosa por una estúpida superstición.

La noche siguiente, alguien dejó el cuerpo de una cabra que había muerto de sed. La retiraron enseguida, pero en los dos días siguientes aparecieron otras dos cabras, un perro y un burro.

Al tercer día, una muchacha rubia de larga melena recogida en una trenza se acercó hasta palacio con un niño de pecho que no paraba de llorar y pidió ver al rey. El capitán de la guardia le dijo que se marchase, pero ella declaró que no se movería de allí hasta que no la recibiese el monarca. Durante dos horas el niño estuvo llorando, hasta que el capitán se compadeció y le franqueó la puerta. La acompañó hasta la sala en la que el rey se miraba al espejo, ajeno a toda desgracia. La muchacha entonces se destapó un pecho y se lo acercó al niño para que mamara, al tiempo que decía:

—Mirad, majestad.

El niño se agarró al pezón y succionó con fuerza; al ver que no sacaba nada, se paró y empezó a berrear otra vez.

—Hace dos días que no come, no hay agua en toda la ciudad y mis pechos se han secado. Cortad mi cabellera y haced con ella lo que queráis, pero por el amor del cielo, devolved lo que sea que hayáis tomado y que ha provocado esta ruina.

El rey la miró con desprecio y solo se atrevió a decir:

—¡Lleváosla!

Pero, a pesar de todo, se había quedado impresionado por el atrevimiento de aquella muchacha, y la imagen del niño llorando desesperado no le dejó conciliar el sueño. Había llegado demasiado lejos por un poco de pelo. Así que, a medianoche, cuando nadie lo veía, salió secretamente de la ciudad y cabalgó bajo la luz de la luna que se reflejaba en su cabeza pelada. Llegó hasta aquella roca en la que había visto por primera vez a la lamia y con un suspiro profundo, dejó el peine de plata en donde lo había recogido. Miró a un lado y a otro, el silencio era absoluto y sintió un peso terrible en el corazón al recordar el rumor del agua corriendo que siempre lo había acompañado en aquel lugar. Volvió por el mismo camino por donde había venido, con el alma en un puño, sin saber si habría llegado a tiempo y sin la seguridad de que aquello solucionase los problemas, pero al llegar junto al puente oyó como un hilillo de agua volvía a correr por el cauce seco del río. Entonces, siguiendo un impulso irreflexivo bajó y recogió aquella tercera piedra que había quedado bajo el puente, antes de que se la llevase la corriente y la dejó ante la puerta de la ciudad. Volvió a su alcoba y se acostó.

Al día siguiente, cuando se levantó, se asomó despacio al balcón. Vio que los animales muertos habían desaparecido de la puerta de palacio, que la fuente de la plaza manaba con fuerza y que la gente volvía a caminar atareada por las calles como siempre lo había hecho. Salió a pie de palacio, sin escolta y sin peluca. Todo el mundo se paraba en la calle sin saber qué hacer ni qué decir, hasta que llegó al mercado. Se hizo un silencio tan espeso que casi se podía oír la respiración profunda de todos y cada uno de los que había en la plaza. El momento era solemne porque todo el mundo entendió que el rey estaba pidiendo perdón. Había que romper aquella solemnidad de alguna manera, así que un muchacho que tenía un puesto de ajos le lanzó uno y le dijo:

—¿Habéis probado a frotaros con esto, majestad?

Hubo un instante de expectación, casi de pánico, uno de esos momentos en que la moneda puede caer de cualquier lado, pero inmediatamente se supo de qué lado caía al escucharse una sonora carcajada que se contagió a todo el mundo, incluido el rey.

Aquel mismo día hizo que colocaran la tercera piedra sobre el dintel de la puerta principal de la ciudad y cambió el escudo del reino, que antes era un león rampante como podía haber sido un dragón pimpante, por tres montañas superpuestas que todo el mundo sabía que eran aquellas tres piedras huevo, para que jamás se le volviese a olvidar.

* * *

—¡Jo, abuelo, qué historia! —dijo Miguel.

—Pero, abuelo, no habrás puesto tú el peine ahí, ¿verdad? —dije yo, desconfiada.

—¡Serás...! ¡Como te coja, verás! ¡A dormir!

Capítulo 2

Mi ABUELO no es de costumbres fijas, así que no esperábamos que viniese cada noche a arrancarse un pelo de su canosa cabellera y convertirlo en un cuento. Pero, claro, nosotros tampoco podíamos dejar pasar la oportunidad de reclamar el cumplimiento de aquel reto, así que, a la mínima ocasión, se lo recordábamos.

Habíamos ido en bici hasta su casa, pero a la de mi hermano, como cambia las marchas como si jugase al futbolín, se le había salido la cadena, así que llegamos caminando, arrastrando las bicis. Bajamos al garaje y mi abuelo sacó la caja de herramientas. Nada más abrirla a Miguel se le iluminó la cara, y mientras mi abuelo buscaba el aceite lubricante y una llave inglesa le dijo:

—Abuelo, ¿eso es una caja, verdad?

—Pues sí, no parece que sea un saxofón o una morcilla.

—¿Te acuerdas de lo que dijiste de las cajas?

—Pues no. ¿Qué dije? ¿Que servían para guardar cosas?

Nos estaba tomando el pelo, se acordaba perfectamente, pero se iba a hacer de rogar. Así que yo, aprovechando la liebre que Miguel había levantado, continué:

—Dijiste que en una caja, en un baúl, en una maleta o en cualquier cajón que sirviera para guardar cosas, siempre encontraríamos algo que no debería estar ahí y que nos cuenta su historia. ¿Qué te parece si volcamos la caja de herramientas?

—¿Qué? ¡Ni hablar, María! ¡Con lo que me ha costado tenerla ordenada!

—¡Abuelo, pero si parece una cacharrería! Además, nosotros te ayudaremos a recogerla como tú nos ayudaste con los juguetes —le dije guiñándole un ojo.

—Está bien, está bien, me rindo.

Con un ruido de mil demonios volcó el contenido de la caja de herramientas. Mi hermano encontró una torre Eiffel que era un llavero, y yo encontré un pez de colores vivos, un cebo de cuando a mi abuelo le dio por hacerse pescador. Lo dejó pronto, pues cuando lograba atrapar algún pez, le daba pena y lo devolvía otra vez al agua.

—Falta una tercera cosa —apuntó mi hermano.

—Sí, pero esa la elegiré yo —dijo el abuelo.

—No nos harás trampas, ¿verdad, abuelo?

—¡Claro que os haré trampas! Las historias están llenas de ellas, y de trucos y de pequeños engaños y necesitan de un lector o un oyente que se trague el anzuelo. Que diga: vale, me voy a creer esto, aunque sé que es una fantasía.

Mientras hablaba, andaba buscando algo entre los destornilladores, los martillos y toda clase de llaves de tuercas y al fin lo encontró:

—¡Ajá, aquí está! Un candado sin llave. Sabía que lo tenía en la caja.

—¿Y para qué sirve si no tiene llave?

—Pues hoy, para contaros una historia. Seguramente ha estado ahí meses, quizá años, esperando que llegase este momento, su momento. Así pues, ¿qué tenemos?

* * *

PARÍS, EL PEZ Y EL CANDADO

Las cosas nunca suceden como se quiere, por mucho que uno las planifique, las prevea y se empeñe en domesticarlas, las cosas son como son y salen como les da la gana; es decir, casi nunca como nosotros habíamos previsto.

Una pareja de enamorados que, inducidos por la publicidad, visitaba por primera vez París, la ciudad del amor, seguía el recorrido amoroso habitual: habían subido a la torre Eiffel, habían tomado un *café au lait* en el Café de Flore y cenado en un *bateau mouche* mientras navegaban por el Sena bajo la luz de la luna, el colmo del romanticismo. Al día siguiente tenían previsto caminar cogidos de la mano por los Campos Elíseos, besarse bajo el Arco del Triunfo y decirse «Je t'aime» mientras subían las escalinatas del Sacre Coeur.

Ya volvían a su hotel cuando pasaron por el Pont des Arts, y se dieron cuenta de que las barandillas estaban llenas de candados cerrados. ¡Claro! Aquella estúpida costumbre, que había empezado en Roma imitando a los personajes de un novelista que escribía novelas en las que se sufre mucho pero acaban bien y que ya había hecho caer la farola del puente Milvio y un panel del Pont des Arts, era lo más de lo más en declaraciones de amor. Así que tenían que subirse al tren de la última moda amorosa. Era tarde, pero en uno de los extremos del puente aún quedaba un vendedor de candados haciendo su agosto. Solo le quedaban de los numerados, los más caros. A un precio disparatado compraron su prenda de amor. Podía grabarlo con sus iniciales, dijo el vendedor, pero aquello encarecía aún más el candado pagado a precio de oro; así que optaron por poner sus iniciales con un rotulador permanente que el vendedor tuvo a bien dejarles gratis. Encontrar un lugar en el que prenderlo no fue tarea fácil, de hecho, muchos utilizaban los candados de otros para cerrarlos, con lo que se daban ciertas uniones que quizá con el tiempo traerían sus problemas. El chico, con gran dificultad y rebuscando entre la maraña de candados, encontró un diminuto hueco en el que tuvo que hacer auténticos malabarismos para cerrar el suyo. No quería, de ninguna manera, atarlo a otro y que con el tiempo un tailandés o un ruso se presentasen en su casa guiados por una corazonada o un contacto metal contra metal demasiado estrecho. Una vez cerrado besó la llave, se la dio a besar a la muchacha (esto se lo había inventado él, era cosecha propia) y después la lanzó con todas sus fuerzas a las aguas negras del Sena. Sin importarle si iba a contaminar un poco el río o si sería aquella la gota que haría colmar el vaso, es decir, el peso que haría colapsar ese panel del puente. Abrazados, y entre besos y arrumacos, se marcharon de allí, felices, pensando que su amor sería eterno como el tiempo, incontable como las arenas del desierto y profundo como la sima de las Marianas.

Pero aquella llavecita, reflejando la luz de la luna mientras se hundía en el río, le pareció a un bagre un pececillo plateado y sin pensárselo, ¡glups!, se tragó la llave. Los bagres son unos peces bastante tontos, ¿Cómo si no se llamarían bagres? Y aquel no era una excepción, así que siendo un pez de río acabó en el mar, concretamente en la barriga de un atún.

Aquel atún fue dando la vuelta al oeste de Francia, esquivó a los pescadores vascos, cántabros, asturianos y gallegos, fue escuchando fados por toda la costa de Portugal, se atiborró de gambas y langostinos en Huelva y cuando ya iba a entrar en el Mediterráneo para hartarse de sardinas y jureles... ¡Zas! Lo atraparon en Cádiz, junto al estrecho de Gibraltar, desde donde, refrigerado, lo enviaron al Japón. Allí les gusta más el pescado crudo que a los valencianos el arroz. En el mercado de pescado más famoso del mundo, un pescadero, Tetsuo Matsumoto, especialista en ronquear el atún que, aunque parezca lo contrario, no es dormir abrazado a él, sino despedazarlo, se encontró con la llave. Primero pensó en tirarla a la basura, pero cuando estaba a punto de lanzarla se detuvo. «¿Y si...?».

Esto es lo peor que le puede pasar a un pescadero japonés especialista en trocear atunes, que la duda se instale en su mente: ¿Y si abre una caja fuerte en un banco Suizo? ¿Y si fuera la llave que abriese el arcón donde está guardada la novela perdida de Alejandro Dumas? ¿Y si condujese directamente al diamante azul robado hacía un siglo de la corona de un marajá de la india? ¿Y si...? Tantas incógnitas se abrieron con aquella llave que pensó que se volvería loco. Tetsuo era un tipo metódico y lo primero que hizo fue averiguar la procedencia de aquel atún, para ver si podía establecer aproximadamente el lugar donde pudiera haberse tragado la llave.

Venía de España, un país a doce mil kilómetros de distancia del que lo único que sabía era que bailaban flamenco, tenían un arquitecto loco que se llamaba Gaudí, celebraban corridas de toros y decían «¡Olé!». Además, a saber de dónde vendría aquel atún. Los atunes son grandes viajeros y lo mismo podía venir de las costas de África que del norte de Europa; o a lo mejor se habría tragado la llave que se le había caído a algún marinero de un portacontenedores en medio del Atlántico.

Desde luego, no estaba tan loco como para subirse a un avión e irse a la aventura a buscar la cerradura en la que encajase aquella llave. Pero lo que sí hizo fue comprar una pequeña cadena de plata y colgársela al cuello. Le servía para dejar volar la imaginación: imaginaba que con aquellos números de la llave podía entrar en la sala acorazada de un banco de Zúrich, en donde estaban las cajas de seguridad, y que la llavecita abría una de las cajas en las que había unos documentos ultra secretos que podían cambiar la historia de la humanidad. O que, un día, casualmente, pasaba por un anticuario y al ver un cofre cerrado probaba la llave y encontraba algo realmente extraordinario como el plano de un tesoro. O que, una mañana, veía un portal abierto y, sin saber por qué, entraba y encontraba un buzón a rebosar de cartas y justamente aquella era la llave que lo abría y la persona a quien pertenecía el buzón, una muchacha que sentía las zozobras del amor, pues no sabía si su enamorado aún la quería, comprobaba en aquellas cartas que sí, que aún la amaba y le escribía encendidos poemas amorosos.

Había encontrado un punto de fuga, una ventana por la que escaparse mientras hacía su rutinario trabajo. A pesar de acercarse a los cuarenta, aún estaba soltero, pues no tenía demasiada suerte con las mujeres que siempre se quejaban de su olor a pescado. Se frotaba con los jabones más agresivos hasta casi despellejarse, pero aquel olor no acababa de abandonarlo.

Un día vio en la televisión un reportaje sobre la moda de los candados en los puentes. Un reportero de la televisión japonesa había visitado diversas ciudades: París, Roma, Sevilla, Londres... y preguntaba a la gente que ponía los candados. La mayoría declaraba cosas calcadas los unos de los otros. También había entrevistado a una parejita que acababa de cerrar su candado junto a la torre de Tokio. Tetsuo al principio no cayó, pero después pensó que quizá la llave pertenecía a alguno de aquellos candados que había acabado en la barriga de un pez de río y este en la barriga de un atún. ¿Por qué no? Tenía otro campo sobre el que soñar. Pero aquella misma noche no pudo dormir pensando que quizá les traería mala suerte a los enamorados que habían lanzado aquella llave, convencidos de que estaría en el lecho del río para siempre. Aunque, ¿qué podía hacer? Ni siquiera sabía si era de un candado y mucho menos en qué río habría sido lanzada la llave.

Una mañana de sábado, con la primavera llamando a las puertas, fue al puente Ishikura Bashi, para contemplar el Hanami, el florecimiento de los cerezos. Paseaba por el puente cuando se percató de que también allí había unos cuantos candados prendidos. «¡Vaya! —pensó—. También aquí ha llegado esta moda tonta». Se le ocurrió que ya había llevado mucho tiempo aquella llave colgada al cuello y que poco importaba si era allí o en París donde se hundía otra vez en el río. Así que la sacó de la cadena y ya la iba a lanzar cuando, un poco más allá en el puente, oyó sollozar a una muchacha. Esto, sin saber por qué, detuvo su mano. Se acercó hacia ella y le preguntó por qué estaba tan triste y si podía hacer alguna cosa por ella. Primero negó con la cabeza, pero al ver el gesto bondadoso y preocupado de aquel hombre se decidió a contárselo:

—Mi enamorado y yo viajamos a París y compramos un candado para sellar nuestro amor en el Pont des Arts, pero al no encontrar sitio en donde cerrarlo, decidimos que lo pondríamos en este puente y así podríamos verlo cuando viniéramos a pasear en primavera. Pero él ha roto su promesa y se ha marchado con su prima y yo, tonta de mí, me siento atada por ese candado. Si pudiera abrirlo quizá me libraría de su recuerdo, pero es de fabricación europea, imposible de encontrar en Tokio.

«¿Y si...?», pensó Tetsuo.

—Tengo una llave. La encontré en la barriga de un atún. Quizá estaba destinada a ti, quizá alguien, desde el otro lado del mundo, te la envió para liberarte. ¿Quieres que la probemos?

—No creo en los milagros, ni en las casualidades, ni en el destino, pero probar no cuesta nada.

Él introdujo la llave y… ¡Clac! El candado se abrió mientras él decía:

—Y sin embargo, suceden.

—¿Qué?

—Los milagros.

Se quedaron un momento mirándose a los ojos y él le preguntó:

—¿Te apetecería tomar un té?

* * *

—Abuelo…

—¿Qué?

—¿Ya está?

—Uhum.

—Pero no puedes acabar así —dije yo enfadada.

—¿Ah, no? ¿Y por qué no?

—Pues porque hay muchas preguntas, muchos hilos sueltos.

—¿Como por ejemplo?

—Pues: qué va a pasar con Tetsuo y la muchacha, y qué sucederá ahora con los primeros enamorados, los que estaban en París. Y a la muchacha, ¿no le molestaba el olor a pescado de Tetsuo?

—Ah, bueno, eso... todas esas preguntas son las que vosotros deberéis contestar, pues esta es una historia abierta, cuyo punto final debe poner el oyente, cada cual el suyo.

—Abuelo.

—Hum.

—Eres un tramposo.

—Bueno, sí. Pero ya os lo había advertido.

Capítulo 3

Mi ABUELO se toma muy en serio su papel de abuelo, nos malcría y nos permite cosas que jamás les ha permitido a sus hijos: nos deja subir a los árboles, tirarnos haciendo la bomba a la piscina, pedalear sin manos en la bicicleta y comer chucherías.

De vez en cuando se pone didáctico, o lo que es lo mismo, educativo, y nos lleva a algún museo y nos explica cosas sobre los cuadros o las esculturas que nosotros miramos aburridos. El que más nos gusta es el museo de Ciencias, porque puedes toquetearlo todo y suceden cosas sorprendentes. También nos lleva a dar largos paseos por el monte y nos explica toda clase de cosas sobre las plantas: cómo se llaman (¡se sabe sus nombres en latín!), para qué sirven, cómo las utilizaba la gente antiguamente… Incluso a veces nos cuenta alguna pequeña historia graciosa sobre ellas mientras nosotros vamos atrapando bichos y metiéndolos en botes. Él hace como que no nos ve, pero después, cuando regresamos, nos hace soltarlos otra vez.

También nos lleva al cine de vez en cuando, a ver las películas de Pixar, que le encantan a la abuela y, por supuesto, en Navidad, un día nos lleva al circo. No le gustan los circos de fieras porque dice que los animales sufren mucho. Así que vamos a circos modernos donde hay toda clase de acróbatas, malabaristas, trapecistas, magos, payasos…, pero no animales. Habíamos ido a uno de estos circos y salíamos muy contentos comentando las acrobacias de un grupo coreano, las maravillas que hacía la mujer que se enrollaba en la cinta de seda y lo poco graciosos que eran los payasos. Mi abuelo no decía nada, andaba taciturno y pensativo. Solo levantó la cabeza al oír cantar a un pájaro en un balcón. Seguía arrastrando los pies cuando el chirrido de un frenazo y el sonido estridente de un claxon lo sobresaltaron: un coche había estado a punto de atropellar a un gato que, despreocupado, cruzaba la calle. Al poco se oyó un trueno y casi inmediatamente empezó a llover. Llovía como si hubieran abierto todos los grifos del cielo. Nos refugiamos en un portal, cerca de la parada del autobús, pues no llevábamos paraguas: al salir de casa el cielo estaba más despejado que la cabeza de un monje budista. Allí estábamos, aburridos, esperando que parase de llover para acercarnos a la parada del bus, cuando mi abuelo dijo:

—¿Os he contado alguna vez la historia de la maga Staropolsky?

—¿Staropolsky? No me suena, abuelo —dijo mi hermano.

Cómo nos iba a sonar, si se lo estaba inventando sobre la marcha.

—Ah, pensaba que sí, pues una vez estuve una temporadita en su casa, en París, mientras ella andaba de gira.

—Te gusta mucho París, ¿eh, abuelo?

—Claro, ¿cómo no me va a gustar? Si allí conocí a tu abuela. Pero calla y escucha.

*   *   *

La maga Staropolsky

La maga Staropolsky paseaba por París una mañana de primavera. En realidad se llamaba Ángeles Martínez, pero con ese nombre nadie hubiera ido a ver sus excelentes espectáculos de magia.

Era capaz de hacer los trucos más audaces, como desaparecer del escenario entre una nube de humo y aparecer en la platea tocando el violín vestida de zíngara o sacar conejos de los bolsos de las señoras sentadas en la tercera fila, siempre de la tercera; era una pequeña manía. O su truco más celebrado: hacer desaparecer un elefante detrás de una tela de seda azul. Era un elefante indio que, como todo el mundo sabe, son un poco más pequeños que los africanos, pero aun así, era un elefante.

Lo que nadie sabía, ni siquiera sus compañeros del circo, era que tenía un lápiz mágico, herencia de su abuela, la maga Popova, en realidad Pepita Pérez, del que únicamente disponía para su uso particular. Bueno, alguna vez lo había utilizado para pintarles una cara de asombro y una sonrisa a alguno de esos espectadores recalcitrantes que son incapaces de admirar el arte de la magia y ponen todo el tiempo la misma cara escéptica, estúpida y esdrújula.

Estaba un poco cansada de andar de ciudad en ciudad en aquel carromato en el que resaltaba su nombre artístico en grandes letras rojas. Además, tenía la impresión de que nadie la iba a echar de menos. Tenía ganas de parar, de detenerse y echar raíces. Ganas de abrir la ventana por la mañana y contemplar siempre el mismo paisaje. Y aquel día, paseando por París, la ciudad en que actuaba, acertó a pasar por un barrio apacible y tranquilo con una plaza recogida en medio de la cual había un pequeño jardín con frondosos árboles. Se escuchaba el arrullo de las palomas y la hermosa canción que una muchacha tarareaba mientras trabajaba. En aquella plaza había un solar y de repente sintió que le gustaría vivir allí. Miró hacia un lado y hacia otro, vio que no había nadie y entonces sacó su lápiz mágico y dibujó su casa: las paredes, el tejado, la puerta, las ventanas, un balcón con geranios y rosas y una chimenea de la que salía humo, hacía un poco de frío aquella mañana. Entró en la casa y dibujó también un reloj de péndulo para que con su tictac y sus sonoras campanadas fuera el corazón de la casa, y una jaula de oro con su jilguero y una llavecita de cristal colgada al cuello para que pudiera salir cuando quisiera. Su abuela siempre le había dicho que una casa, para ser un hogar, debería tener un ser vivo de continuo para hacerles saber a los vientos y a los espíritus que aquella casa ya tenía dueño.

Iba a ocuparse del jardín de la parte de atrás cuando entre la maleza apareció un gato que entró tranquilamente por la puerta trasera a la casa, como si toda su vida hubiera hecho eso mismo. Echó una ojeada al salón con la que pareció que aprobaba lo que veía, incluyendo al jilguero, y se hizo un ovillo junto al fuego.

La maga Staropolsky lo vio tan convencido de que esa era su casa, que ni se le ocurrió discutírselo, al fin y al cabo una casa con un pájaro y un gato ya puede decirse que es un hogar. Pensó que quizá debería limar asperezas entre ellos antes de que surgiera algún conflicto. Pero como vio el panorama tranquilo, se dedicó al jardín, donde pintó un limonero cuajado de limones (le encantaba la limonada) y unos arriates llenos de flores multicolores. Echó un vistazo a todo y se sintió satisfecha, por un momento pensó, con un deje de nostalgia, en su viejo carromato y en sus flores, pero inmediatamente se imaginó que uno de los hermanos Tonucci, los gemelos acróbatas, que siempre iban a la greña, se apropiaría de él y lo cuidaría.

Cuando acabó, estaba tan cansada que pintó una cama con dosel y se echó a dormir. Pero aún no había cerrado los ojos cuando el jilguero empezó a cantar y a picotear los barrotes de la jaula, tenía hambre. El gato, animado por los trinos del jilguero, también maulló lastimeramente.

—Está bien, está bien, ya voy.

Se levantó y pintó un poco de alpiste y un platito con leche, y se volvió a la cama. Pero en cuanto se acabó el alpiste, el jilguero se puso a cantar. Así que no tuvo más remedio que dibujar una tela azul oscura con estrellas con la que tapó la jaula, y al gato le rascó un poco la cabecita hasta que se puso a ronronear, y con ese ronroneo de fondo, también ella se quedó dormida; pero justo antes de ponerse a roncar decidió que se llamarían Gato y Pájaro, estaba muy cansada para ponerse a buscar nombres.

Al alba la despertó el ruido metálico de la jaula chocando contra el techo y los trinos histéricos de Pájaro: Gato había saltado sobre la jaula e intentaba meter la zarpa para zampárselo.

La maga dibujó una escalera, bajó a Gato y la jaula con Pájaro y pensó que tenía que solucionar aquello, no podía empezar una nueva vida allí con un crimen en la casa. Así que puso a Gato y a Pájaro frente a frente. Gato, inmediatamente, intentó abalanzarse sobre Pájaro, pero ella, en un instante, pintó un cristal entre los dos contra el que chocó el felino. Quitó el cristal, pero Gato seguía con la misma actitud, así que con la goma de la parte de atrás de su lápiz le borró las zarpas y le dibujó unos guantes de boxeo. Gato soltó un maullido que partía el corazón y Pájaro empezó a picotear los guantes y a mirar a la maga. Gato podría haberse zampado al jilguero de un bocado, pero

estaba más preocupado por sus zarpas. Así que cuando vio lo que hacía Pájaro, frotó su cabeza contra él y Pájaro se posó, confiado, entre sus orejas. La maga entonces le devolvió sus zarpas, aunque sin perderlos de vista, por si solo había sido una estrategia o un instante pasajero de armonía.

Tenía hambre, así que hizo aparecer un desayuno espléndido, y cuando vio a sus compañeros de casa cómo la miraban también les dibujó una sardina y un poco de maíz.

Con la barriga llena sintió que estaría bien empezar el día con su gimnasia matinal: cien abdominales, media hora de taichí y subir y bajar las escaleras veinte veces. Todo bajo la atenta y sorprendida mirada de Pájaro y Gato.

Había sudado, de manera que necesitaba un buen baño, dibujó una bañera y una completa instalación de agua caliente. Sin olvidarse, claro, del jabón, el champú, las sales de baño y un patito de goma para jugar.

Después del baño se encontraba tan bien que salió a dar un paseo. Como hacía frío y el cielo estaba gris, se pintó una capa roja. Al pasar entre los árboles del parque, por un momento, se sintió como Caperucita Roja. Pero un instante después las nubes grises se convirtieron en negras y un relámpago rasgó el cielo dejando una cicatriz luminosa. En seguida empezó a llover y ella volvió a casa, pues la capa desteñía e iba dejando unas sospechosas manchas rojas por doquier. Al entrar en su nuevo hogar se le cayó el alma a los pies: estaba lleno de goteras. Pensó que quizá había ido demasiado rápido para que no la vieran y se había dejado algunas partes sin pintar. Pájaro había abierto la jaula y estaba posado sobre la repisa de la chimenea y Gato lamía alegre una gotera que caía rítmicamente en el centro de la cocina. Había que solucionar aquello de manera rápida, así que pintó un enorme paraguas que desplegó desde dentro de la chimenea y que cubría toda la casa. Como solución provisional no estaba mal, pero tendría que buscar algo más definitivo. Estuvo tentada de dibujar un globo o un avión y pintar el cielo de azul, pero consideró que no podía hacer eso cada vez que lloviera, sin olvidar que, seguramente, habría mucha gente a la que le gustase la lluvia, por no hablar de los agricultores a quienes tan bien les venía o a la atmósfera, con lo limpia que se quedaba. Además, París sin lluvia, no sería París. No, debería pensar en alguna otra cosa.

Cuando cesó la lluvia se puso a pensar cómo podría solucionar lo de las goteras. Pensó y pensó, y pensó aún más, pero lo único que se le ocurría era borrar el tejado y pintarlo de nuevo. Ahora la plaza estaba llena de gente y si la veían borrando y pintando allá arriba no les iba a hacer ni pizca de gracia, a la gente solo le gustan las cosas raras en el circo. Así que de momento la solución del paraguas, al que solo había que apretar un botón para que se abriese y cubriese toda la casa, no le pareció mal. Es lo que pasa a veces con las soluciones provisionales, que se convierten en definitivas.

Al día siguiente, con un sol espléndido, se pintó una capa azul y salió a comprar una *baguette*, unos *croissants* y el periódico, ya casi se sentía una parisina. Podría haberlos dibujado, pero tanto las *baguettes* como los *croissants* eran inmejorables en París, y habría tenido que inventarse las noticias, así que prefirió salir de compras.

El periódico traía la noticia de que la famosa maga Staropolsky había desaparecido sin dejar rastro y el empresario, míster Railowsky, estaba desesperado.

¿Desesperado? ¡Ja! Igor Railowsky no se había desesperado nunca, ni siquiera cuando Sir William, el tigre, se le zampó la mano o cuando Simba (¿por qué todos los leones de circo se llamarán Simba?) le pegó fuego a la carpa con la punta de la cola al saltar un aro de fuego.

Eso sí, todos sus compañeros declaraban que la echaban de menos y que había bajado la asistencia de público. De manera que si no aparecía pronto deberían abandonar la ciudad. Estaba encantada, se sentía importante y, bueno, parecía que sí que les importaba a sus colegas. Nadie en su barrio podía sospechar que aquella nueva vecina tan discreta con gato y jilguero que saludaba a todo el mundo con una sonrisa fuese una célebre maga reclamada por el circo Railowsky.

De vez en cuando, disfrazada, se acercaba por el circo, le echaba un vistazo a su carromato y veía las colas en las taquillas que cada día eran más escasas. Al cabo de dos semanas, una mañana lluviosa y parisina, vio que el solar en donde estaba la carpa se encontraba vacío. Y una semilla de nostalgia anidó en su corazón. Por los periódicos siguió el periplo del circo: Burdeos, Toulouse, Montpellier... Llegó un momento en que la planta de la nostalgia había crecido tanto que amenazaba con sacar brotes por las orejas y la nariz. Sí, estaba muy bien levantarse y ver el mismo paisaje por la ventana, y salir de casa a comprar *baguettes* y *croissants* y oír los trinos de Pájaro y el canto acompasado de las horas en el reloj de péndulo y dejarse acariciar por Gato, pero... no era menos emocionante levantarse y no saber dónde estás, y comer cada día un pan y unas pastas diferentes y, sobre todo, ver los ojos de asombro del público y oír el sonido maravilloso de los aplausos que la hacían sentirse tan ligera como una pluma. Así que, ¿qué podía hacer? ¿Cómo abandonar aquella casa en la que se había sentido tan bien? No, no la abandonaría, de hecho viviría allí un mes al año, el mes que siempre pasaban en París, justo en la primavera, cuando la ciudad está más hermosa. Y el resto del año dejaría a Gato al cuidado de la casa. Gato sabría a quién invitar. Dejó una llave bajo el felpudo, cogió la jaula y a Pájaro y sobre un mapa de Francia calculó donde debían estar sus colegas del circo. Dibujó un agujero de gusano y por allí, en un periquete, se presentaron en Aviñón, junto al palacio de los papas. Cuando se presentó en el circo, le hicieron una gran fiesta y el mismo Railowsky, con lo seco que era, le dijo que la había echado de menos y que sin ella cuando decía aquello de «¡El mayor espectáculo del mundo!» sentía que estaba mintiendo. Como había previsto, uno de los hermanos Tonucci había ocupado su carreta, pero al cabo de cuatro días se había vuelto con su hermano, pues echaba de menos las peleas y las broncas. Ni siquiera le habían cambiado el nombre, todos tenían la esperanza de que volviera.

Gato, mientras tanto, aquel año invitó a poetas, pintores, músicos callejeros, caricaturistas y gente de buen vivir que regaban las plantas, le rascaban la cabecita y le ponían un plato de comida en Villa Ángeles mientras estaban allí. Y dicen que cuando a la primavera siguiente el circo volvió a París y la maga Staropolsky, *madame* Ángeles para las vecinas, regresó a su casa, se encontró con pinturas y dibujos nuevos en las paredes y un piano un poco desvencijado en el salón y, *Oh là là!*, con un titiritero, tan simpático que la hizo reír hasta caer de culo. A ella se le ocurrió que podían montar un espectáculo de magia y títeres y dicen que entre risas y ensayos, ensayos y risas…

* * *

—Pero bueno, esto forma parte de otra historia y tiempo habrá para contarla, porque por ahí viene nuestro autobús y como no corramos no lo pillamos.

—¡Abuelo! Siempre haces igual, nos dejas con la miel en los labios.

—Ah, esto es lo que tienen las buenas historias, que nos dejan con ganas de más.

Capítulo 4

AL MENOS una vez al año vamos con los abuelos a la playa. El abuelo detesta la playa y a la abuela le encanta, y yo creo que a nosotros nos usan como moneda de cambio, parece como si el abuelo dijera: «Bueno, va, si vienen los niños iremos a la playa».

La mayoría de las veces vamos a una playa que está a una hora de camino, y eso si no pillamos tráfico, porque el abuelo dice que ya que hace el esfuerzo de ir por lo menos que la playa valga la pena.

Como siempre vienen tarde a recogernos a casa, nosotros nos lo tomamos con calma y los esperamos jugando a la consola, así no nos ponemos ansiosos. Llegan enfadados: por muy pronto que se hayan levantado para prepararlo todo, nunca les da tiempo y siempre se han olvidado de algo y han tenido que volver a casa cuando ya estaban subidos en el coche. Así que se culpan el uno al otro del olvido, o de no haber previsto esto o lo otro, y traen una cara de vinagre que tira de espaldas. Gracias que cuando subimos nosotros al coche con el jaleo de flotadores, sombrillas, balones, palas, toallas, sombreros y cremas de protección 250, tienen otras cosas de que preocuparse y se olvidan de por qué se habían enfadado.

Una vez en la playa hacemos lo que todos los niños del mundo: gritamos, salpicamos, hacemos castillos de arena y volcanes, jugamos a las palas, intentamos tirar al agua al abuelo entre los dos y acabamos nosotros bajo el agua, corremos por la orilla, jugamos a perdernos, pedimos helados, nos negamos a ponernos más crema, preguntamos todo el tiempo «¿Podemos bañarnos ya?, ¿podemos bañarnos ya?, ¿podemos bañarnos ya? Vengaaaa...», y nos divertimos dejándonos revolcar por las olas. Todo eso con la implicación directa del abuelo y la vigilancia aparentemente despreocupada de la abuela que, mientras hace sudokus o lee alguna novela de misterio o un libro de plantas, no nos quita ojo, y en cuanto el abuelo se descuida ya está amonestándolo:

—¡Cuidado con los chicos! Si se te queman, ya te apañarás tú con tu hija.

—Sí, mujer, sí, ya me apañaré yo con ella, no te preocupes —contesta paciente el abuelo.

Representan perfectamente el papel de abuelo consentidor y abuela responsable.

Como vamos un poco lejos y tarde, solemos quedarnos a comer. El abuelo puede llegar a ser muy pesado y siempre hace rabiar a la abuela quejándose de que a la tortilla le falta sal o que a la ensaladilla rusa le sobra mayonesa o que se le han olvidado los guisantes. Yo creo que les encanta este juego de pincharse el uno al otro y hacer como que se enfadan para echarse a reír al momento. El peor momento de todos es después de comer; son de la vieja escuela y por más que les digamos que nos han dicho que si te bañas inmediatamente después de haber comido, no pasa nada, ellos nos obligan a esperar hora y media por la maldita digestión.

Cada minuto dura una eternidad y cuando ya llevamos diez veces preguntando la hora, el abuelo nos da el reloj y nos dice:

—Hasta que esta aguja no llegue aquí, no hay nada que hacer. Prohibido quejarse o preguntar si podéis ir a bañaros.

Nosotros miramos fijamente el reloj, como si con la mirada pudiéramos animar a las agujas a marchar más deprisa. Eso sí que es terrible, porque justo pasa lo contrario: parece como si las agujas tuviesen miedo de nuestra mirada y se paralizan, no hay manera de que avancen. Cinco minutos después, nerviosos perdidos, empezamos a pelearnos bajito por ver a quién le toca preguntar al abuelo, que ronca bajo el sombrero de paja.

Cuando uno de los dos, al que le haya tocado dice «Abuelo, abuelo… ¡Abuelo…!».

Un dedo amenazador se levanta. Y nosotros, atropelladamente, antes de que nos caiga la bronca padre decimos:

—No es de la hora, abuelo. ¿Podemos bañarnos… los pies?

El abuelo suspira, resopla, hace una pausa teatral y arrastrando las palabras dice:

—Id…

La abuela, que también parecía dormitar, sin levantar la cabeza añade:

—Solo los pies, ¿eh?

Un rato después de estar remojándonos los pies y las piernas, viene el abuelo con las gorras que le ha dado la abuela y nos las pone. Todo esto que os he contado es lo que, con ligeras variaciones, sucede siempre que vamos a la playa con los abuelos, pero la última vez algo cambió. El abuelo, después de cubrirnos las cabezas, se sentó a nuestro lado con las olas lamiéndole los pies y nos preguntó:

—¿Queréis que lancemos un mensaje en una botella?

—¡Sí, sí, sí! —grité entusiasmada—. ¡Qué idea tan buena!

Pero en seguida salió el espíritu ecologista y responsable de mi hermano protestando:

—¿Estáis locos? ¿Cómo vamos a ensuciar el mar con una botella de plástico o de vidrio que lo mismo acaba en la barriga de un tiburón o una ballena? Además, si nos ve el socorrista, seguro que llama a la policía y nos ponen una multa.

¡Ufff! ¡Qué mal rollo! Con la buena idea que parecía y cómo de rápido se había desinflado. Para acabarlo de arreglar el aguafiestas de Miguel continuó:

—Además, ¿qué pondríamos? Somos Nicolás, María y Miguel y estamos aburridos esperando hacer la digestión. ¿No?

Nos quedamos mirando el mar, sin decir nada. De vez en cuando tirábamos alguna piedra para verla danzar sobre las olas. De repente el abuelo dijo:

—¿Os he contado que una vez encontré un mensaje en una botella?

—¿Es una historia, abuelo? —pregunté yo, desganada.

—Más o menos.

—¿Cómo que más o menos? O es una historia o no lo es.

—Vale, sí, es una historia.

* * *

El mensaje en la botella

Una vez, cuando era muy joven y hacía el servicio militar en el Sáhara, recogí una botella en la playa.

—¿Llevaba mensaje, abuelo?

—Sí y no.

—Eres tremendo, abuelo —le dije yo—.

Una historia que no es una historia y ahora un mensaje que no es un mensaje. ¿Qué será lo próximo, un perro que es un gato?

—Calla, todo tiene una explicación, pero si me interrumpís a cada paso no os la podré dar. Y la explicación es que no había una nota.

—¿Y qué había?

—¡Shhhh!

Nos llevamos las manos a la boca e hicimos ese gesto como de cerrar una cremallera. El abuelo nos miró con el ceño fruncido y después continuó:

—Había unos objetos. En concreto: un escarabajo disecado, un botón metálico y una especie de hueso o semilla de fruta, la botella estaba cerrada con un rudimentario tapón de madera y estopa. Me hizo gracia y me la llevé. Pensaba que debía ser la broma de alguien ocioso y no le di mayor importancia. En aquella época yo estudiaba Biología y aquel escarabajo que parecía metalizado era ciertamente un espécimen extraño. Como era de los pocos universitarios del cuartel, estaba en la oficina y allí, sobre la mesa, tenía la botella. Un día pasó el comandante y le llamó la atención el botón, era un fanático de los uniformes militares, me lo hizo sacar y estuvo observándolo un buen rato.

—Yo diría que es del ejército japonés, probablemente de la Segunda Guerra Mundial, de un oficial de baja graduación, un cabo o un sargento, quizá de un teniente —dijo al fin el comandante.

Eso ya me dejó con la mosca detrás de la oreja. ¿Cómo había llegado tan lejos semejante botón?

Al cabo de unos días se me olvidó. Pero en el siguiente permiso, me llevé a casa la botella con su contenido e, intrigado por el escarabajo y la semilla, los llevé a la facultad de Biología en donde estudiaba para enseñárselos a mis profesores de Entomología y de Botánica. O lo que es lo mismo, el Bichos y la Hierbas, como los llamábamos entonces. De primera impresión les parecieron especímenes raros, pero los dos quisieron quedárselos para estudiarlos más a fondo. Eran de confianza y se los dejé. Les di también las señas del cuartel por si no tenían noticias antes de que se me acabara el permiso y me despreocupé.

Al cabo de un mes de haber vuelto al campamento, me llegó una carta de la universidad con sendos informes de mis profesores: el de Entomología, Manuel Costa, me decía que había consultado al mejor entomólogo de la ciudad, el profesor Torres Sala, y después de muchas comprobaciones le había dicho que era una especie muy rara que únicamente se criaba en un puñado de islas apartadas y deshabitadas de Filipinas. También me pedía si se lo podía quedar para la colección de la universidad, ya que, como era obvio, no tenían ninguno de aquella especie.

Más curiosa todavía resultó la carta de la profesora de Biología, Carmen Bañó; como no había manera de averiguar a qué planta pertenecía aquella semilla, se le ocurrió plantarla por ver si tenía la suerte de que germinara. La suerte estaba de su parte y la planta germinó y creció. Pronto resultó evidente que se trataba de un género de nepentes, una planta carnívora que hace una especie de jarros en los que atrapa toda clase de insectos engañándolos con una sustancia dulce y pegajosa. Pero era una nepentes muy extraña que hacía unos jarros muy grandes. Y lo más extraño de todo fue que una mañana encontraron un ratón de laboratorio, que hacía días que se había escapado, dentro del jarro de la nepentes. Aquella planta comía ratas. ¡Increíble! Consultando los manuales más prestigiosos de botánica descubrió que se trataba de la *Nepenthes attenboroughii* bautizada así en honor del gran divulgador británico David Attenborough, y que aquella planta era un endemismo de la isla de Palawan, es decir: solo se encontraba en las montañas de aquella isla filipina deshabitada. ¡Qué historia tan fantástica!

Aquello me dejó pensativo. ¿Y si no fuera una casualidad? ¿Y si fuera un mensaje? ¿Y si alguna persona, un oficial japonés, al no tener papel en el que escribir, hubiera utilizado aquellos objetos como un mensaje y el botón lo identificase a él, el insecto, raro, pero un poco más común que la planta, nos situara en el área geográfica, y la semilla nos marcase el punto exacto en donde se encontraba? Parecía una idea descabellada, pero a riesgo de que me tomasen por loco o de que no me contestasen, escribí una carta a la embajada japonesa en Madrid, en la cual les explicaba todo el asunto del mensaje en la botella y les exponía impaciente que tenía la sospecha fundamentada de que un ciudadano japonés, seguramente un oficial del ejército, se encontraba perdido en una isla deshabitada de Filipinas y que, al parecer, quería ser rescatado.

Al cabo de quince días recibí una respuesta escrita por el mismísimo embajador que me dejó boquiabierto: ¡Lo sabían! ¡Sabían que estaba allí! Era un oficial del ejército imperial, el teniente Onida, que se había quedado rezagado desde la Segunda Guerra Mundial y que no creía que esta hubiera acabado. Varias veces habían ido a buscarlo a la isla con grandes megáfonos enfocados hacia la selva impenetrable en donde se escondía. Le decían que la guerra había acabado y que el emperador y su país le pedían que depusiera las armas, porque había atacado a algunos pescadores que recalaban en la isla e incluso uno había resultado herido; pero no se fiaba, pensaba que no era más que una trampa, una emboscada y había permanecido allí. Llegó un momento en que lo dieron por muerto. Su familia, incluso, le había levan-

tado un monumento funerario en el cementerio de Tokio. Ahora parecía que por fin quería rendirse o, al menos, que lo encontrasen. El embajador me daba las gracias muy amablemente y decía que me tendrían informado. ¡Estaba en ascuas! ¿Cómo acabaría todo aquello?

Al cabo de un mes lo supe, me llegó un sobre grande con remite de la embajada. Dentro había un ejemplar del *Mainiki Daily News*, un diario japonés, en donde, en primera plana venía una fotografía de un soldado japonés con un uniforme harapiento que entregaba el sable a un oficial. Claro, yo no sabía ni una palabra de japonés, pero en la embajada, amablemente, me habían traducido el artículo donde decía que el teniente Onida, después de dos décadas perdido en la selva, se había entregado a las autoridades filipinas, y contaba la historia de cómo lo habían recibido como un héroe en Japón por no haberse rendido, y como, por fin, lo habían encontrado gracias a las informaciones de un soldado español que en la costa africana había encontrado una botella con un mensaje y lo había sabido descifrar. El teniente Onida declaraba, en la entrevista que seguía al reportaje, como había subsistido durante todos aquellos años escondido en un refugio subterráneo, comiendo fruta, pescando y cazando algunos pequeños roedores y reptiles y que le gustaría conocer a su salvador, aquel que había sabido interpretar una de las cinco botellas que había lanzado al agua con el mismo mensaje. ¡Me nombraban! ¡Era la primera vez que veía mi nombre en un diario, y japonés!

En el cuartel me hice famoso y me cambiaron el apodo: pasé de ser el Che, a ser el Samurái. Incluso me entrevistaron en la radio de El Aaiún, la capital del Sáhara.

A punto de acabar la mili, me llegó otra carta de la embajada japonesa, en ella me decían que en una semana el teniente Onida visitaría Madrid y que le gustaría mucho conocerme. Había otra carta dirigida al comandante de la compañía solicitando que me dieran un permiso para conocer al teniente de aquella rocambolesca historia. El comandante firmó la autorización, a cambio de que le contara todos los detalles de la entrevista y de que le regalara el botón de la botella.

En la embajada japonesa me recibieron con todos los honores y después de los discursitos y los romances oficiales con el regalo de un quimono de seda incluido, salimos a pasear por Madrid, que era lo que deseaba el teniente. Él no sabía ni una palabra de español y yo menos de japonés, así que nos asignaron una intérprete, una de las pocas estudiantes de japonés que había en aquel momento en España, vuestra abuela. Visitamos el Prado, comimos cocido, tomamos café en el café Gijón y asistimos a una corrida de toros, para mí la primera y la última vez. A él tampoco le gustó. Al día siguiente fuimos a El Escorial y a la sierra. El tercer día nos acercamos a Ávila y Salamanca y el cuarto visitamos los jardines de Sabatini: de la vida en la jungla le había quedado una gran afición por las plantas y pensaba dedicarse al negocio de la jardinería. Era muy simpático y de todo se sorprendía y reía a grandes carcajadas. Nos despedimos con grandes inclinaciones de espalda y un fuerte apretón de manos y nunca más nos hemos visto, pero cada año, hasta hace diez, en primavera que era la época en que lo rescataron, me enviaba una postal, casi siempre de árboles o plantas. El último año, la postal la enviaba su mujer, en un inglés telegráfico me comunicaba que su marido había muerto y me presentaba sus respetos. Ah, qué vida la de aquel hombre... Y bueno, ya sabéis cómo conocí a vuestra abuela.

* * *

—Pero, abuelo, ¿no la habías conocido en París?

—Bueno, sí, en París, pero en el café París en Madrid, que era donde quedábamos cada mañana para desayunar y planificar el día.

—Abuelo...

—Hum.

—¿Tú no habías estudiado Filosofía y Letras? —recordé de repente.

—Eh..., sí..., también.

—Y la historia del botón no tendrá nada que ver con el señor que esta mañana buscaba objetos con un detector de metales y al encontrar un botón metálico se ha puesto a maldecir, ¿verdad? —preguntó mi hermano, arrugando el ceño.

—Ni con el surfista japonés que se caía todo el tiempo de la tabla, ¿no? —añadí yo.

—Y el escarabajo, ¿no se parecerá por casualidad al que hemos visto hartándose de polen en los lirios de mar? —siguió Miguel.

—¿Y la planta? No vendrá en el libro *La vida secreta de las plantas* que está leyendo la abuela…

—Eh… ¿Sabéis qué? Yo creo que ya os podéis bañar —dijo levantándose.

—Pero, abuelo, ¡si aún no ha pasado una hora!

CAPÍTULO FINAL

EL ABUELO, desde que tengo memoria, siempre nos había contado historias. La mayoría inventadas, pero aquella manera nueva de contar a partir de elementos que no tenían nada que ver unos con otros, era eso: nueva. Antes, la mayoría de las veces había que pincharlo un poquito:

—Va, abuelo, cuéntanos un cuento o no nos podremos dormir —le decíamos.

—Es que estoy cansado —contestaba.

Y si no nos convencía, decía: «No estoy inspirado» o «Sí, para cuentos estoy yo ahora, con tantos problemas como tengo».

—¿Qué problemas, abuelo? Cuéntanoslos.

—Mejor que no, no los entenderíais.

—¡Problemas o cuento! ¡Problemas o cuento! —gritábamos nosotros.

—Está bien, está bien. ¿De qué lo queréis? ¿Cortito, eh?

—¡De gigantes!

O de hadas, de dragones, de pollos, de morcillas o de lo que se nos pasara por la cabeza. Y el abuelo, ¡pim, pam! Nos inventaba un cuento de aquello que le hubiésemos pedido.

La abuela era más de leernos cuando nos quedábamos en su casa a dormir porque nuestros padres estaban de viaje, o habían quedado a cenar con amigos, o cuando estaban tan hartos de nosotros que necesitaban una tregua y nos dejaban con los abuelos. Los cuentos de la abuela también nos gustaban, porque no eran tan disparatados como los del abuelo y, además, tenía una voz tan dulce y leía tan bien que a los cinco minutos dormíamos como troncos.

Pero entonces estábamos... intrigados, el abuelo era imaginativo de normal, pero ahora estaba sembrado, y las historias que contaba eran mucho más elaboradas y tenían más enjundia que aquellas que antes, muchas veces, le sacábamos con sacacorchos. Mi hermano y yo pensábamos que debía de estar tomándose algún brebaje que le hacía funcionar la cabeza a mil por hora, o que alguna de aquellas pastillas que se tomaba en el desayuno le provocaba el efecto secundario de dispararle la fantasía. Lo que quedaba claro era que allí estaba pasando alguna cosa rara y lo teníamos que averiguar.

Así que un día, cuando la abuela no estaba delante, por si acaso, nos sentamos frente a él y lo interrogamos:

—Abuelo, tú tienes un secreto.

—¿Ah, sí? ¡Ostras, teníais un abuelo espía y yo no me había enterado!

—Sí, sí, tú ríete, pero nos lo tienes que contar.

—De aquí no te mueves hasta que no cantes —se puso duro Miguel.

—¡Madre mía! Esto es más grave de lo que me pensaba. Está bien, lo confieso: me gustan las películas de *Terminator* y las de *Misión Imposible*. Y me como el chocolate a escondidas. ¡Hala! Ya lo he dicho.

—No, no, no. Nada de eso. Eso ya lo sabíamos. Lo que queremos saber es otra cosa.

—¿Y qué otra cosa queréis saber, si se puede saber? —preguntó intrigado.

—¿Cómo es que ahora tus historias son tan diferentes de las que nos contabas antes?

—Ah, es eso… —nos dijo, mirándonos con atención mientras nosotros asentíamos con la cabeza.

—¿Prometéis que no se lo diréis a nadie?

Los dos levantamos la mano derecha como un resorte.

—Estoy yendo a la escuela.

—¿A la escuela? —se extrañó Miguel—. ¡Pero tú eres muy mayor para ir a la escuela!

—Nunca se es suficientemente mayor como para saberlo todo. Además, no es una escuela como la vuestra. Vamos a la universidad.

—¿Vamos? —pregunté yo intrigada—. ¿Quiénes vais?

—La abuela y yo.

—¿La abuela también?

—Uhum. Ella va a un taller de Historia y yo a uno de Escritura Creativa.

—¡Acabáramos! Ya decía yo que alguna cosa no cuadraba. ¿Y qué aprendes, abuelo?

—Ah, muchas cosas. Este curso hemos trabajado mucho a Gianni Rodari, un escritor italiano que inventó una cosa que el denominó el binomio fantástico. Consiste en coger dos palabras al azar que no tengan nada que ver y hacer saltar entre ellas una chispa, un puente que las relacione; por ejemplo: perro y armario. ¿Qué hace ese perro en el armario?, ¿se ha escondido?, ¿lo han encerrado ahí por malvado o por equivocación? Y el armario, ¿dónde está? ¿En un castillo encantado? ¿Va en un camión de mudanzas y el perro es un regalo? Surgen muchos interrogantes, muchas preguntas que hay que ir contestando.

—Pero, abuelo, tú utilizas al menos tres elementos en cada historia, el tuyo entonces será un… un trinomio, ¿no? —dijo Miguel.

—¡Qué nieto más listo tengo! Bueno, sí, ya sabéis que al abuelo le gusta ir un poco más allá y darle otra vueltecita a las cosas, y tres o más elementos dan más juego.

—¿Nos enseñarás, abuelo?

—¡Claro, María! ¿Qué crees que hago cuando os cuento todas estas historias?

—Y… ¿podemos construir una ahora?

—Por qué no.

—¿Qué necesitamos, abuelo?

—Primero, un protagonista.

—¿Y no podría ser una protagonista? En los cuatro cuentos anteriores solo hemos tenido una protagonista, la maga.

—Vale, una protagonista. ¿Cómo es? ¿Es joven, vieja, guapa, fea, maestra, bombera?, ¿tiene poderes?, ¿sabe cantar?, ¿tiene hijos?, ¿es de ahora o del futuro?, ¿dónde vive?, ¿qué busca?

—Para, para, para, abuelo. ¡Qué mareo! Déjanos pensar.

—Es pirata —dijo mi hermano decidido—. Es guapa, morena, tiene los ojos verdes y en la espalda lleva tatuado un mapa del tesoro.

—En realidad solo lleva tatuado un punto, que se confunde con una peca como las que llenan su espalda y que así forman un archipiélago, en ese punto-isla es donde está el tesoro —completé yo.

—Perfecto, tenemos un personaje, conocemos alguna cosa de ella, cómo es, qué quiere: encontrar el tesoro. Y sabemos donde está, en el mar. ¿Tiene un barco?

—¡Claro! ¿Cómo si no podría estar en el mar? —dije yo—. Una goleta de tres palos: La Intrépida. Tan ligera que ni la armada española ni la inglesa la han podido atrapar.

—Estupendo, nos haría falta un poquito de azar —dijo el abuelo—. A ver, vaciad los bolsillos.

Le hicimos caso y nos vaciamos los bolsillos. En los de mi hermano había una canica, un trozo de cuerda y un mono de plástico de esos que salen en los huevos de chocolate. En los míos había un anillo de los chinos, uno de esos que los aprietas y lanzan destellos de colores, un espejito y un pañuelo.

—¿Y tú, abuelo, no te vacías los bolsillos? —le preguntó Miguel.

—Sí, sí, yo también, así tendremos más en donde elegir.

En los bolsillos del abuelo había unas llaves, una navajita y una taba, un hueso de cordero con el que jugaba cuando era pequeño.

—Bien, yo creo que ya tenemos suficientes cosas y que alguna nos servirá. Podemos empezar —dijo el abuelo frotándose las manos.

—Abuelo, ¿y el título?

—Ah, claro, el título… ¿Qué tal: «La pirata y el tesoro»?

—No. Le falta fuerza.

—¿Y «El tesoro escondido»? —propuso Miguel.

—Redundante —objetó el abuelo—. Un tesoro siempre está escondido.

—¿Por qué no le ponemos «La pirata» y, según lo que pase, ya le cambiamos el título?

—No es mala idea. Muy bien, allá vamos.

* * *

La pirata

* * *

El abuelo entonces se quedó pensativo, como si no supiera o no se atreviera a comenzar.

—¿Qué pasa, abuelo, hay algún problema?

—Bueno, sí… es que no sé si empezar con una escena de amor.

—Abuelo, que ya somos mayores, ¡ya tenemos diez años!

—Sí, mayores… Además, todavía no los habéis hecho, aún faltan casi tres meses.

—Vaaaa…

—Como se entere vuestra madre me la cargo.

—Somos una tumba.

—¡Uf! Bueno, vale, está bien.

* * *

En una cala del sur de la isla Tortuga, a la luz de la luna, yacían sobre la arena Scott MacAvoy, un apuesto escocés, de ojos azules y pelo rojo como una mazorca de maíz, capitán de La Surprise, una fragata de la marina inglesa, y Marlene Dubois, hija del famoso corsario Eric el Rojo, terror del caribe y capitana de La Intrépida, una goleta pirata armada con dieciocho cañones. Quedaban allí cada plenilunio, desde que se habían enamorado a distancia, a través de sus catalejos. Él seguía con el dedo las pecas de la espalda de Marlene trazando líneas imaginarias, y en un momento arrugó el entrecejo y dijo:

—¿Sabes? Juntando las pecas de tu espalda, sale la cara de un mono.

—No todas son naturales, la peca que hay más abajo es tatuada.

—¿Tatuada? ¿Esta? —dijo extrañado, mientras apretaba con la punta del dedo aquel punto oscuro.

—¡Ay! Sí, me has clavado la uña.

—Disculpa... ¿Y qué sentido tiene tatuarse una peca en la espalda?

—Ah, pregúntaselo a mi padre, que es quien me la hizo tatuar cuando era pequeña.

—Lo haría si pudiera, pero ya sabes que es imposible.

—Sí. ¡Malditos franceses!

—Son tus compatriotas.

—Yo no tengo país. ¿Has olvidado mi bandera?

—Un tipo extraño, tu padre, en vez de darte una buena educación en alguna institución para señoritas de buena familia con el tesoro que todo el mundo dice que escondió, te enseñó la piratería.

—Por lo cual le estoy muy agradecida. No soportaría ser una de esas pánfilas que estiran el meñique cuando sostienen la tacita de té.

—Y bien que te enseñó, por más que lo hemos intentado, jamás hemos podido atrapar tu barco.

—Su barco: yo solo lo he heredado desde que aquellos desgraciados soldados lo apresaron borracho en la Taberna del Irlandés.

—Sabes que no volverá, ¿verdad?

—Lo sé, la fortaleza de Puerto Príncipe, donde lo tienen confinado, es inexpugnable. Pobre, siempre me repetía que por mucho que avanzara y fuera hacia delante, la fortuna siempre la tendría detrás; si se hubiera vuelto hubiera visto que por detrás le llegaba la desgracia.

—¿Cómo? ¿Puedes repetir eso?

—¿El qué? ¿Cómo lo apresaron?

—No, no, eso de la fortuna que siempre repetía.

—En realidad la frase exacta era: por mucho que persigas la fortuna, la fortuna siempre te perseguirá.

Marlene, vuelta de espaldas, no pudo ver los ojos semicerrados y la media sonrisa que se dibujó en la cara del escocés, mientras grababa en su mente la situación de aquellas pecas. De repente se levantó y empezó a abrocharse los botones de la camisa.

—¿Ya te vas?

—Sí, tengo una misión importante lejos de aquí, en Isla Margarita —improvisó.

Marlene se quedó extrañada, porque siempre se separaban al alba, antes de que el primer rayo de sol despuntara por el horizonte. No le apetecía estar sola en la playa, de manera que también ella volvió a su barco.

Al volver encontró a algunos de sus hombres que bebían en cubierta. Entre ellos, los dos de orejas más finas, que siempre enviaba a las tabernas a ver de qué podían enterarse. Los interrogó. Por un ojo de cristal, que en realidad era una canica, y un par de copas de ron, James el Tuerto les había dado información importante que les sería muy útil: La Formidable, la corbeta francesa que los perseguía, estaba fondeada en Guadalupe calafateándose; un barco español cargado de azúcar, tabaco y, posiblemente, cosas más valiosas, saldría mañana de Baracoa, en Cuba, y pasaría cerca huyendo de los piratas de las Bahamas; y de los ingleses de La Surprise, no tenían que preocuparse, viajaban rumbo a Jamaica.

—¿Estáis seguros? —preguntó intrigada la capitana.

—Eso nos ha dicho el Tuerto, el pirata mejor informado del Caribe, que viajaban hacia Kingston, para abastecerse y recibir órdenes del almirantazgo.

—Vaya, qué curioso, hubiese jurado que se dirigían hacia otra parte.

Se quedó un momento pensativa, era evidente que MacAvoy le había mentido, pero ¿por qué? Se había comportado de manera muy extraña y aquello le puso la mosca tras la oreja. De repente ordenó a sus hombres:

—Descansad unas horas, al alba levaremos anclas.

—Pero, capitana, zarpando a mediodía interceptaremos de sobra a los españoles.

—No vamos a por los españoles. Esta vez me interesan más los ingleses. Por cierto, tú, Piojoso, sube a la atalaya del bucanero y vigila a ver qué hacen esos hijos de la Gran Bretaña. Están fondeados en la cala del Muerto. Si ves que zarpan, enciende fuego.

Aquello los desconcertó, pero nadie se atrevió a discutir las órdenes de su capitana que, desde que se había hecho cargo del barco de su padre, no había perdido un solo hombre y les había conseguido buenos botines.

—¡Capitana, capitana! —gritó entreabriendo la puerta de la cabina principal el contramaestre, un par de horas después.

Marlene se despertó sobresaltada: se había quedado dormida sobre la mesa estudiando cartas náuticas.

—Eh... ¿Qué...?

—Piojoso ha vuelto de la atalaya.

—¡Habla! —le ordenó al tenerlo delante.

—Los ingleses han estado toda la noche abasteciéndose de agua y víveres. En estos momentos aún deben estar cargándolos, pero no tardarán en zarpar.

—¡Contramaestre, llama a zafarrancho! ¡Quiero a todo el mundo aquí de inmediato!

En un santiamén, toda la tripulación de La Intrépida estaba sobre la cubierta y Marlene los arengó:

—¡Marineros! Los ingleses van a la búsqueda de algo muy valioso. Si es lo que sospecho, habrá botín para todos en abundancia y podremos descansar una buena temporada, incluso podríamos retirarnos si así lo quisiéramos. Será peligroso, muy peligroso, no voy a engañaros. Si alguien quiere quedarse en Isla Tortuga, ahora está a tiempo.

Nadie hizo mención de abandonar el barco. Entonces Marlene continuó:

—Timonel, ¿crees que podemos seguirlos sin que se den cuenta?

—Si costean, sí; podemos escondernos en las bahías y detrás de los cabos. En mar abierto será más difícil.

—Quiero silencio absoluto, ni una canción, ni un grito. Arriad la bandera negra y poned una de conveniencia. Y por la noche ni un solo farol encendido; y nadie, y eso lo digo por vos, timonel, nadie fuma en cubierta. ¿Está claro? Seremos como una serpiente persiguiendo a un ratón, astutos y sigilosos.

Durante días estuvieron siguiendo a La Surprise, sin que los perseguidos, aparentemente, se dieran cuenta. Pero después de una semana la perdieron de vista, se había evaporado, había desaparecido del horizonte. Debían haberlos visto. Marlene maldijo y les echó una gran bronca al timonel y al vigía, después se encerró en su camarote para calmar la rabia. Las cartas de navegación que había robado a un barco español, tan útiles, tan precisas, estaban sobre la mesa. Entonces tuvo una idea: volvió a cubierta y le preguntó al contramaestre:

—¿Que rumbo seguían la última vez que los avistamos?

—40 grados sur suroeste.

—Vamos a ver qué hay en esa dirección.

Desplegaron las cartas, marcaron la situación en que se encontraban y miraron qué había en el rumbo que habían tomado los ingleses. No había nada. Qué extraño. Marlene sabía cuán astuto podía llegar a ser MacAvoy y amplió la búsqueda. Estaba claro que los habían descubierto y querían despistarlos. ¡Eureka! Virando a sudeste estaba el archipiélago de Cocos. Entonces cayó.

—¡Pero qué estúpida he sido! ¡Contramaestre, desabróchame el vestido!

—¿Qué? ¿Cómo?

—¡Que me desabrochéis el vestido, ya! ¡Es una orden!

El contramaestre, con manos torpes y temblorosas, desabotonó el vestido y dejó al aire la espalda de la pirata.

—¿Qué veis?

—Un... un puñado de pecas.

—¡Fijaos bien y comparadlo con la carta!

—¡Por todos los diablos! ¡Es un mapa del archipiélago de Cocos!

—¿A qué isla corresponde la peca que hay más abajo?

—A ver... A la isla de Monos.

—Allí van los ingleses, a la isla de Monos. Donde mi padre enterró su tesoro. Toda la vida diciéndomelo: por mucho que persigas la fortuna, la fortuna siempre te perseguirá. ¡Claro, la fortuna la tenía en la espalda! ¡Qué ciega he estado! Hemos de llegar antes que ellos. ¡Timonel, busca la ruta más rápida!

Por supuesto, no les dijo cómo había descubierto el capitán inglés el escondrijo secreto del tesoro.

Navegando a todo trapo noche y día, llegaron a la isla de Monos medio día antes que los ingleses. Pero, a pesar de que no era una isla muy grande, uno no desembarca en una playa y tropieza con el tesoro. ¿Por dónde buscar?

Una docena de hombres con palas cavaban aquí y allá, a diestra y siniestra, sin resultado. Después de medio día infructuoso, ella se sentó en una roca para pensar dónde podía haber escondido su padre el tesoro. De repente tuvo una revelación, una canción de cuna que su padre le cantaba cuando era pequeña, justo después de haberle hecho grabar aquella peca:

Entre las tres palmeras,
princesita de oro,
las monas cocoteras
escondieron su tesoro.

—¡Buscad tres palmeras! —gritó súbitamente.

—Capitana, esto está lleno.

—Tres que tengan alguna cosa especial, que estén solas, o que formen un triángulo o yo qué sé...

Había diversos tríos de palmeras que parecían candidatas a esconder un tesoro, pero al final encontraron tres palmeras que formaban un triángulo perfecto, como si las hubiesen plantado adrede. Empezaron a cavar en el centro y al poco: ¡Clinc! Un sonido metálico, la pala había tocado hierro. Una sonrisa iluminó los ojos de todos, pero un segundo después otro ¡clinc! la borró. Era el sonido de la pistola cargada de MacAvoy que, con el cabello pelirrojo al viento, salía de la jungla con dos docenas de soldados armados hasta los dientes.

—Gracias, preciosa. Sin tu ayuda creo que jamás lo hubiésemos encontrado.

El escocés, astutamente, se había dejado seguir y una vez que había dejado claro a dónde iba, la había dejado pasar para que ella hiciera la tarea principal: encontrar el tesoro. Le había puesto un cebo y ella había picado, el ratón había cazado a la serpiente.

—Desenterrad el cofre —ordenó el escocés al llegar al agujero.

Una vez desenterrado, la expectación era enorme entre los soldados y los piratas. Y no fue menos la decepción al abrirlo, pues no había más que un anillo envuelto en un pañuelo.

—¡Ja, ja, ja! —rio Marlene.

—¿Qué es esto, una broma pesada de tu padre?

—Eso parece, aunque algún tesoro sí hay.

—¿Cuál? ¿Este ridículo anillo con un cordero y un cordel?

—No. La verdad. Sin este cofre vacío no hubiera podido ver cómo sois en realidad. La verdad es el mayor tesoro.

—Os lo podéis quedar —dijo lanzándole el anillo—. Creo que vuestro padre se ha burlado de todos, pero especialmente de vos, así tendréis un recuerdo.

Marlene recogió el anillo y miró a Scott MacAvoy con desprecio.

—¡Nos vamos! —ordenó el escocés a sus soldados.

—¿No los hacemos prisioneros? —se sorprendió el segundo oficial.

—No, esta vez no. Además, aquí no tenemos jurisdicción y consumirían nuestras vituallas.

A pesar de todo, era un caballero del Imperio, y pensaba que después de la traición sería una infamia que Marlene acabara colgada en la horca.

Marlene guardó aquel anillo que, por lo que sabía de su padre, debía tener algún significado. ¡Y vaya si lo tenía! Al cabo de unos meses de escaramuzas y abordajes, se enteró de que habían visto a su padre en una taberna de Isla Tortuga y, casi sin dar crédito, hacia allá puso la proa. ¡Era cierto! El gobierno de París, la metrópoli, había cambiado, y todos aquellos nobles que habían tenido que huir y que lo habían perdido todo, algunos hasta la cabeza, ahora podían volver y recuperar sus posesiones. Él era el marqués de Mouton, por eso aquel carnero en el anillo, que era lo que significaba *mouton* en francés. Había armado un barco para hostigar en las colonias francesas del Caribe a aquellos que lo habían desposeído de todo, y le había cogido gusto a la vida pirata. Tenía un *château* cerca de Burdeos y elaboraba uno de los mejores vinos del mundo, cuya peculiaridad distintiva era una cuerdecita atada al cuello de las botellas. El anillo, un sello nobiliario legado de generación en generación, era la garantía de autenticidad de la familia: estaba cincelado con una filigrana tal, que la marca que dejaba en el lacre era imposible de imitar.

—Yo ya soy viejo y creo que el viaje me mataría, pero tú tienes una heredad en Francia. Ve y recupera lo que es nuestro —le había rogado su padre cogiéndole las manos.

—No, padre, no voy a dejarte solo otra vez. La tierra y el castillo siempre estarán allí, cuando sea tiempo ya iré a recuperarlo.

Y con el tiempo, aquella pirata viajó a Francia y se convirtió en marquesa. Dicen que aquel escocés recibió un día una botella del mejor vino de la bodega Mouton, lacrada con aquel anillo que él había menospreciado. También dicen que nunca llegó a casarse y que, a pesar de que llegó a almirante de la marina inglesa, desde la aventura en el archipiélago de Cocos, siempre tuvo una mirada triste, como si supiese que había desperdiciado su vida.

* * *

—¡Fiuuuu! —silbó Miguel—. ¡Ostras, abuelo, qué historia!

—Y lo has sacado todo: el anillo, la cuerda, la canica, el pañuelo, el mono... Todo menos el espejo.

—Y la navaja, que tampoco ha aparecido.

—Y la taba tampoco, ¿no?

—Bueno, la taba sí ha aparecido, en la pierna del carnero, si no habría estado cojo. El espejito, he estado a punto de sacarlo haciendo que ella se mirara y se viera el mapa de la espalda a través de un espejo más grande, pero me ha parecido más sorprendente que ella le ordenara al contramaestre que la desnudara.

Nos quedamos un momento callados, saboreando la historia que en una pequeña parte habíamos ayudado a construir e intrigada le pregunté:

—¿Esta vez nos has hecho muchas trampas, abuelo?

—Bueno, alguna que otra: he trasladado un archipiélago de Oceanía al Caribe y algún siglo ha bailado por aquí y por allá, pero poca cosa. Existe una bodega con *château* cerca de Burdeos que es la Mouton Roschild, vinos excelentes. Y uno de los botines más preciados de los piratas eran las cartas náuticas de los navíos españoles y portugueses, extremadamente precisas.

Miguel tenía los ojos abiertos como granadas y por fin exclamó:

—¡Abuelo, eres un *crack*! Ahora sí que me creo eso que dijiste de que eras capaz de inventar tantas historias como pelos tienes en la cabeza.

—Sí, pero seguro que no todas serán tan buenas como estas que os he contado.

—Abuelo, ¿tú no tienes abuela, verdad? —le solté. Y reímos los tres hasta caer de culo.

ÍNDICE